DISTRIBUTION D'EAU

DANS LA VILLE DE ROUEN.

DISTRIBUTION D'EAU

DANS LA VILLE DE ROUEN

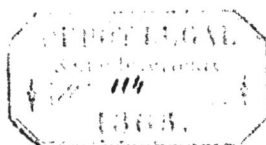

OPPOSITION

AU PROJET DE LA VILLE

DANS L'INTÉRÊT DES RIVERAINS

DE

ROBEC ET D'AUBETTE.

ROUEN

IMPRIMERIE DE E. CAGNIARD,

Rues de l'Impératrice, 88, et des Basnage, 5.

—

1865.

LA VALLÉE DE ROBEC

CONTRE

LA VILLE DE ROUEN

NOUVELLE PROTESTATION.

Nous venons protester contre le projet de la ville de Rouen qui veut prendre une partie des sources de Robec pour son alimentation :

Parce que nous ne comprenons pas qu'une ville comme Rouen qui doit toute son existence commerciale aux diverses vallées qui l'environnent, vienne jeter la perturbation dans l'une d'elles, « déjà si cruellement frappée par la crise commerciale que nous traversons, » en prenant une partie des sources de sa rivière, et cela pour laver des rues, des égoûts, faire des châteaux d'eau, etc.

Nous sommes d'accord avec l'Administration municipale de Rouen ; *il faut de l'eau en abondance* afin de suffire à tous les besoins de la ville ; mais nous soutenons que l'eau de source n'est pas indispensable pour laver ses rues et pour toutes les exigences de son service public ; et qu'en réservant à l'alimentation de ses habitants les

20 litres d'eau de source par tête et par jour dont elle dispose actuellement, elle est inexcusable dans son refus d'emprunter les eaux nécessaires à ce service public, dans le réservoir inépuisable que la nature met à sa disposition.

L'eau de la Seine peut satisfaire à tous les besoins ; nous dirons même plus, elle est meilleure pour faire cuire les légumes, pour l'alimentation des machines à vapeur, le lavage du linge, le brassage du cidre, etc., etc.

Les personnes qui, pour repousser l'eau de la Seine, disent *qu'elle fait mourir les poissons*, oublient certainement la juste réputation que s'est acquise notre beau fleuve pour ses Aloses, son Éperlan et beaucoup d'autres excellentes espèces de poissons, qui ne se pêchent que dans la Seine, surtout depuis Rouen jusqu'à la mer.

La ville de Rouen n'a à sa disposition que 20 litres d'eau de source par jour et par habitant, parce que nous ne faisons entrer en ligne de compte que l'eau de trois de ses sources, en écartant avec soin celles de la place Notre-Dame et de Saint-Nicaise, qu'on dit ne pas être très pures, mais qui peuvent cependant servir aux usages domestiques, puisqu'elles ne contiennent qu'une très petite quantité de sels calcaires. Mais nous dirons plus à la ville de Rouen : si vous utilisiez les 750,000 fr. que vous allez dépenser pour réparer la canalisation de vos fontaines à réunir sur un même point de la ville toute l'eau de source qui existe à Rouen, vous en auriez une quantité si considérable qu'il se pourrait faire que vous n'ayez besoin d'en prendre que très peu à la Seine.

LES DIVERSES SOURCES DE ROUEN.

Dans leur état actuel, les sources de Saint-Jacques, Gaalor et Saint-Filleul débitent de 2 à 3,000 mètres cubes d'eau par jour.

Si l'on ajoute à cette quantité aujourd'hui acquise le produit des

sources qui se trouvent sous la côte Sainte-Catherine, du beau puits
de M. Thorel, rue Saint-André-hors-Ville, qui fournit une quantité
d'eau considérable, et que l'analyse chimique a démontré être la
plus pure de toutes les eaux que Rouen possède, et au besoin des
sources de Saint-Adrien et de Maromme, on arrivera à reconnaître
que la dérivation de Robec et les spoliations de la vallée n'ont plus
leur raison d'être.

M. Harlé, ingénieur en chef des mines, ne dit-il pas aussi que, si
la ville de Rouen voulait se servir de machines à vapeur, *l'eau de
source ne manquerait pas.* Suivant cet habile ingénieur, il ne faut
que percer des puits au val d'Eauplet et en aspirer l'eau pour en
avoir autant qu'on voudra, la nappe d'eau qui existe au-dessous de
Rouen étant inépuisable.

UTILISATION DE LA CÔTE SAINTE-CATHERINE.

La côte Sainte-Catherine, qui n'est utilisée en rien (1), n'est-elle
pas tout naturellement placée pour recevoir l'installation de vastes
réservoirs qui seront convenablement abrités contre le froid de nos
hivers et la chaleur de nos étés?

D'immenses réservoirs placés dans l'intérieur de la côte Sainte-
Catherine conduiront tout naturellement à créer un jour une cascade
ou château d'eau autrement grandiose et imposant que la *fontaine*

(1) Cette ravissante côte sera bientôt dotée d'une belle route qui portera
la dénomination de chemin d'intérêt commun, n° 123, qui partira de la
gare d'Amiens pour aller rejoindre l'ancienne route impériale, à l'entrée
de Bonsecours. Par son heureuse situation, cette belle voie de communica-
tion est appelée à devenir une des plus agréables promenades de Rouen et
de la ville de Darnétal, avec laquelle elle aura un raccordement par la rue
Saint-Gilles.

monumentale qu'on a l'intention d'établir au haut de la rue Impériale.

Une petite partie de l'eau des réservoirs Sainte-Catherine tombant du haut de la falaise Saint-Paul sur des rochers couverts d'arbustes et de plantes grimpantes, serait un spectacle, digne de la ville de Rouen, à offrir aux regards des nombreux étrangers qui viennent la visiter ; ce ravissant spectacle quotidien pourrait être augmenté les jours de réjouissances publiques.

Voilà, suivant nous, une création digne de perpétuer la distribution d'eau de la ville de Rouen.

Cette magnifique cascade aurait ainsi l'avantage d'embellir un des plus beaux quartiers de la ville, et un mérite plus grand encore, celui de n'être pas formée avec l'eau prise au détriment de l'industrie.

AVANTAGES DU PROJET SAVALLE ET BRUNIER.

Nous sommes de chaleureux partisans du projet présenté par MM. Savalle et Brunier, qui, suivant nous, *remplit toutes les conditions désirables* pour doter la ville de Rouen d'une bonne distribution d'eau.

Ce projet présente d'immenses avantages pour une ville industrielle comme Rouen, parce qu'en plus de l'eau abondante qu'il fournira, il permettra d'établir de petites forces motrices à domicile, qui rendront de grands services, et pourraient même donner naissance à quelques industries.

On pourrait certainement avec de semblables moteurs créer à Rouen de petites machines dans le genre du rouet de Lyon pour dévider les cotons de notre fabrique rouennaise.

Nos habiles constructeurs de métiers à tisser ne pourront-ils pas aussi arriver à créer des métiers très simples qui, dans beaucoup de cas, pourraient remplacer le métier actuel que le tisserand ne fait fonctionner qu'avec beaucoup de fatigue.

La force motrice à domicile permettrait à beaucoup de pères de famille de réunir leurs enfants à travailler près d'eux, avantage immense au point de vue de la moralisation.

Si les avantages du projet de MM. Savalle et Brunier, que nous signalons pour le dévidage des cotons et le tissage de certains tissus de rouenneries, ne peuvent être de suite obtenus, il n'en serait pas de même pour les machines élévatoires. Chaque négociant voudra avoir la sienne. Les docks, en particulier, s'en serviraient avec un grand avantage. Les constructeurs en bâtiments pourraient aussi, comme on l'a déjà fait à Paris, se servir de turbines ou du poids de l'eau pour élever leurs matériaux.

PROJET DE MM. OZENNE ET BOITARD.

Quoique nous soyons désireux de voir adopter le projet dont nous venons de parler, nous ne pouvons nous empêcher de dire que le projet présenté par MM. Ozenne et Boitard, et repoussé par l'administration municipale, aurait pu satisfaire tous les intérêts présents et à venir ; mais à une double condition :

1° Remplacement de la quantité d'eau à prélever sur Robec par les sources dont dispose actuellement la ville de Rouen ;

Et 2° élévation au moyen de machines à vapeur ou de turbines de la quantité d'eau nécessaire au service des hauts quartiers.

PROJET DELAHAYE.

Nous avons aussi appuyé le projet de M. Delahaye, ingénieur civil à Rouen, qui proposait de capter toutes les sources de Saint-

Jacques, après avoir largement indemnisé les propriétaires de quelques teintureries que leur suppression anéantirait.

L'intention qu'avait cet ingénieur d'aspirer l'eau de ces sources à l'aide de machines à vapeur, afin d'en augmenter le rendement, nous avait paru une heureuse idée qui, en éclairant la question, pouvait parfaitement se combiner avec tous les autres projets présentés à la ville de Rouen. M. Delahaye était partisan des machines à vapeur pour distribuer de l'eau à la ville, voilà ce que nous sommes heureux de constater.

L'EAU DU PUITS-AUX-ANGLAIS.

La ville de Rouen a refusé aussi très opiniâtrément d'utiliser l'eau de l'immense nappe qui est dans la commune du Boisguillaume, et dont la valeur a été constatée par M. Harlé, ingénieur en chef des mines. Le Puits-aux-Anglais, dans lequel il existe une colonne d'eau considérable, a été sondé par cet ingénieur en 1861, en présence d'une Commission dont nous avions l'honneur de faire partie, il a été reconnu que la colonne d'eau avait 69 mètres de hauteur, ce qui fixait son niveau à 39 mètres au-dessus de la place Beauvoisine.

Chose très remarquable, c'est qu'il est bien établi aujourd'hui que l'eau de ce puits est bien de l'eau de source fraîche et excellente à tous égards.

A l'aide d'une galerie habilement faite en cet endroit, avec addition de quelques forages, on obtiendrait, au triple point de vue de la quantité, de la qualité et de l'altitude, tous les avantages que l'on peut désirer.

Quelle que soit la dépense que nécessiterait l'établissement de cette galerie, cette dépense se trouverait largement compensée par l'altitude si vivement demandée pour les hauts quartiers et obtenue tout naturellement et sans machines à vapeur.

En utilisant l'eau du Puits-aux-Anglais et de la carrière Madoulé, on éviterait très probablement un jugement de blâme que la postérité pourrait formuler ainsi :

« La ville de Rouen, en dédaignant l'eau qu'elle avait à ses
« portes et en dérivant les sources de Fontaine-sous-Préaux, a ruiné
« sans nécessité, la ville de Darnétal et la vallée tout industrielle de
« Robec. »

Pour répondre à l'exposé fait à la Commission municipale par M. Guéroult, adjoint (1), qui, au sujet de notre rapport de 1862, a dit :

« Si MM. Fromage et Lamy relisaient aujourd'hui les pages si
« passionnées qu'ils ont écrites le 20 janvier et le 21 octobre 1862,
« ils seraient aussi embarrassés de leur enthousiasme d'alors que
« de leurs chants de triomphe. C'est là le tort, hélas ! des messages
« de victoire trop tôt expédiés. »

Nous dirons à M. le rapporteur : « Nous avons relu notre Mémoire de 1862, et s'il nous était donné de l'écrire à nouveau aujourd'hui, *nous ne changerions rien* à ce que nous avons écrit à cette époque. »

Ce que nous avons dit alors, nous le dirions encore. L'eau que nous avons trouvée dans le puits de M. Madoulé a été le triomphe de la cause que nous défendions en 1862 et que nous persistons à soutenir avec conviction. Aussi, ferons-nous figurer à l'enquête notre Mémoire de 1862.

Nous considérons comme un très grand honneur d'avoir, le 24 janvier 1861, donné le *premier coup de pioche* au puits de la carrière Madoulé, qui, plus tard, devait nous conduire à la grande nappe d'eau qui est trouvée aujourd'hui.

(1) En citant ici le nom de M. le rapporteur, nous n'avons certainement pas l'intention de faire de la personnalité ; tout le monde sait que si M. le Maire de Rouen et M. Gueroult avaient été les seuls partisans de leur projet, il ne serait pas aujourd'hui à l'enquête. Nous n'attaquons que le projet, et non les honorables administrateurs qui l'ont présenté.

Il faut espérer que M. le Sénateur Préfet, si juste appréciateur des besoins des populations de Rouen et de la vallée de Darnétal, voudra qu'une nouvelle étude de distribution d'eau à Rouen soit faite par une Commission d'ingénieurs, autres que ceux qui ont dressé le projet que nous combattons, afin d'arriver ainsi à donner une satisfaction générale à tous les intéressés.

Ce que nous demandons prouve, assurément, que nous ne voulons pas faire une opposition systématique et déraisonnable à l'Administration municipale de Rouen ; nous voulons éclairer la question, voilà tout !

Nous n'accusons personne ; mais nous disons : en affaires, comme en administration, tout le monde peut se tromper, et notre avis est que si le plan soumis à l'enquête par la ville de Rouen était accepté, ce serait une grande faute, dont on ne tarderait pas à se repentir.

Le projet de la ville en lui-même *est vicieux*, puisqu'il ne peut remplir le programme qu'on veut bien lui tracer.

On va chercher à *grands frais*, *et sans considérer le tort qu'on fait à l'industrie*, l'eau des sources de Robec, parce que, dit-on, leur altitude permet d'alimenter les hauts quartiers de la ville ; *mais cela est impossible*. Il ne suffit, pour détruire cette assertion, que de citer les chiffres du nivellement dressé par les soins de l'administration elle-même.

La source Grimaux est à 67 mètres 247 millim. au-dessus du niveau de la mer, et la rue du Champ-du-Pardon, à Rouen, maison n° 15, se trouve à 67 mètres 208 millim. du même niveau.

Pour donner un aperçu du niveau exact où l'eau arriverait à Rouen, il faut d'abord diminuer la profondeur de chaque réservoir, ensuite diminuer au moins un millimètre par mètre pour la pente à donner à la canalisation, pente qui serait insuffisante.

CANALISATION DE GRENOBLE.

Nous n'avons pas la prétention d'être prophètes ; mais nous pou-

vons dire que la canalisation en fonte de fer du projet de la ville
s'obstruera; pour confirmer ce que nous avançons, nous donnerons
la preuve suivante :

« Il y a quelques dix ans, à Grenoble, la canalisation en fonte de
fer s'est obstruée par des *tubercules,* nom qui a été donné par les ingénieurs aux incrustations arrondies qui se trouvaient dans les ca-
naux. Il y eut, à ce sujet, un rapport fait à l'Institut. »

Tout le monde demandera pourquoi l'Administration municipale a
accepté une canalisation en fonte [de fer, quand, dans l'origine du
projet, on devait faire un aqueduc en maçonnerie, qui aurait
été durable et facile à nettoyer, tandis que les conduites en fonte,
non seulement se boucheront, mais encore seront d'une existence
très limitée.

La réponse est facile à faire. La ville de Rouen, sait comme
nous, qu'un aqueduc assez grand pour permettre de circuler dans
l'intérieur et remplacer les siphons par des viaducs, serait beaucoup
préférable ; mais l'élévation considérable du chiffre de la dépense
aurait pu faire faire de sérieuses réflexions et entraîner le rejet du
projet tout entier.

Il faut bien le dire aussi, la ville de Rouen avait devant elle des
Anglais qui, en industrie comme en construction, sacrifient souvent
la qualité pour pouvoir établir à bon marché !

Nous ne pouvons nous empêcher de dire aux auteurs du projet de
la ville de Rouen, qui ont souvent mis en évidence les gigantesques
travaux des Romains, et qui, comme ces derniers, ont la prétention d'en construire d'assez solides pour aller à la postérité :

Votre canalisation en fonte de fer n'aura pas la durée que vous lui
supposez. Si vous voulez copier les Romains, qui ont construit à
grands frais de grands aqueducs, parce qu'ils ne connaissaient pas
la vapeur, *faites comme eux, construisez-en de semblables.*

Les Romains qui, nous le répétons, ne possédaient pas de machines à vapeur, ont pu, dans beaucoup de circonstances, être

excusés d'avoir à grands frais détourné des rivières ; mais les Rouennais d'aujourd'hui n'ont pas la même excuse ; ils ont, non seulement le bonheur de connaître les machines à vapeur, mais encore ils possèdent d'excellents constructeurs de ces machines, dont la réputation est européenne, et qui seraient heureux de soumettre aux regards des étrangers les spécimens de leurs gigantesques produits.

A cause même de la grande industrie des machines à vapeur qui existe à Rouen, l'Administration municipale devrait avoir à cœur de s'en servir pour son alimentation.

Les calculs prouvent qu'elle aurait une grande économie à le faire et qu'elle pourrait avec ces machines avoir une distribution d'eau complète.

Quand on pense que la ville doit, par son projet, ruiner une vallée industrielle, *sans avoir même l'excuse de la nécessité ;* dépenser *quatre millions* et faire une concession de *quatre-vingt-dix-neuf ans* à une Compagnie anglaise, d'un revenu annuel estimé par elle à *trois cents mille francs*, et cela pour doter la ville de Rouen de quatre-vingts fontaines, *une pour cinq rues*, on est en droit de dire qu'un tel marché est ruineux pour la ville.

Pour se justifier de la spoliation qu'elle veut faire subir à toute la vallée de Robec, la ville de Rouen s'écrie par l'organe de son rapporteur (p. 32, 1864), en parlant de Darnétal :

« Si cette *petite ville* a le devoir de songer au bien-être d'une « population de 6,000 âmes, Rouen, de son côté, doit se préoccuper « de la vie de 100,000 habitants. »

M. le rapporteur s'efforce en vain ne nous dorer la pilule. Il en arrive toujours à une paraphrase plus ou moins habile de la pensée si nette de La Fontaine :

La raison du plus fort est toujours la meilleure.

Nous lui répondrons, nous, que c'est l'exemple de Paris qui a tourné la tête à la ville de Rouen, et, avec le *bonhomme*, nous ajouterons :

> Tout petit prince a des ambassadeurs;
> Tout marquis veut avoir des pages.

La ville de Rouen, en tête de son marché passé avec des ingénieurs anglais, se plaît à nous citer bien haut les dispositions de la loi qui, *en droit*, doivent assurer son triomphe.

Quant à présent, nous ne voulons pas discuter ces prétendus droits qu'elle invoque ; nous lui dirons qu'il est triste de voir une Administration réduite, dans un débat aussi important, à laisser de côté la moralité de la question, pour s'appuyer exclusivement sur un texte plus ou moins exactement interprété, et arriver à cette conclusion que, dans les conditions ordinaires, les plaideurs ne balbutient qu'en rougissant : *Dura lex, sed lex.*

Pour justifier l'utilité publique qu'elle invoque, la ville de Rouen devra nécessairement démontrer qu'elle ne peut *prendre* ailleurs qu'aux sources de Robec l'eau qui lui est indispensable.

Or, pour arriver à cette démonstration, il lui faudrait écarter, comme s'ils n'existaient pas, les sources abondantes dont elle dispose, les sources de Maromme et Saint-Adrien, le Puits-aux-Anglais, le vaste bassin qui lui est signalé à ses portes par M. l'ingénieur en chef des mines, et enfin la Seine, ce réservoir inépuisable qu'elle dédaigne.

La vallée de Robec prouve, au contraire, et sans efforts de discussion, que la totalité de l'eau dont elle jouit depuis des siècles est indispensable à son industrie et à sa nombreuse population.

L'utilité publique invoquée par la ville de Rouen se retourne donc immédiatement contre elle.

M. Gueroult dit, p. 28, 1864, de son rapport, qu'en prenant seulement 140 litres d'eau par seconde aux 485 litres bien constatés que possède seulement la rivière de Robec, à la trente-troisième usine Lefèvre, « *il restera dans la rivière autre chose que de la boue.* »

Nous nous permettrons de dire à M. le rapporteur que si, comme nous, il était chargé de surveiller le curage des rivières de Robec et d'Aubette dans la traverse de Darnétal, il aurait pu juger, il y a peu de temps encore, qu'il était très difficile, pour ne pas dire impossible, de laver dans Robec des pièces d'indiennes, ainsi que des cotons en pentes, sans que ces marchandises soient détériorées par la bourbe qui se trouve agitée par leur manipulation dans l'eau.

La diminution du volume d'eau d'une rivière en augmente la bourbe, surtout quand, dans ce même volume, on dépose par le lavage de marchandises de toutes sortes autant de résidus que si le volume était plus considérable.

Cela est tellement vrai que, dans le dernier cahier des charges du curage de la rivière de Robec, dans la commune de Saint-Martin-du-Vivier, nous lisons « que si on venait à prendre une partie des « sources de Robec, le marché passé entre la commune et les en- « trepreneurs serait de plein droit annulé. » Cette clause a été in- sérée à la demande des entrepreneurs, qui savent bien, avec leur vieille expérience, qu'il y aurait beaucoup plus de bourbe dans la rivière si l'on venait à diminuer le volume de son eau.

M. le rapporteur, qui s'est bien aperçu que la rivière de Robec, dans la traverse de Rouen, *n'est pas ce pur cristal célébré par les poètes,* aurait dû faire le long de cette rivière une petite enquête pré- liminaire avant de présenter son projet, et voici ce qu'on lui aurait dit :

« Vous avez oublié de comprendre dans les devis de votre projet les frais considérables que vous aurez à subir pour couvrir dans toute la traverse de Rouen la rivière de Robec. En enlevant à cette rivière le tiers ou le quart de son eau, vous arriverez forcément à ce résultat que le courant, déjà bien faible pour entraîner à la Seine les matières fécales versées par les quatre cents fosses d'aisances que vous avez laissé établir sur son parcours, sera devenu complétement insuffisant. Les matières putrides séjourneront forcément de place en place, et, à moins d'une transformation en une sorte d'égout du lit actuel de la rivière, les exhalaisons pestilentielles qui se produiront inévitablement dans un quartier, où la mortalité est déjà si considérable, seront la condamnation la plus irréfragable de votre projet et la triste contre-partie de la fontaine monumentale qui devra faire passer votre œuvre à la postérité. »

Vous devez vous attendre à ces réclamations, car déjà nous vous les avions signalées dans un petit Mémoire portant la date récente du 8 septembre 1864.

La ville de Rouen, qui dit très haut que les riverains exagèrent le tort qu'elle leur ferait si elle prenait *quelques centimètres* d'eau à leur rivière, connaît aussi bien qu'eux le préjudice réel qu'elle causerait à la vallée de Darnétal, puisqu'elle cherche à l'atténuer en disant qu'elle n'en prendra que très peu pendant le jour et beaucoup pendant quelques heures de la nuit.

Elle consent aussi à accorder quelques indemnités aux propriétaires d'usines qui se servent de la force motrice ; à ceux qui ne se servent de l'eau que pour laver, — rien !

A ces deux choses, nous répondrons que si on prend l'eau la nuit, quand on la rendra le matin, il faudra que chaque usinier emplisse son bief, trois à quatre heures s'écouleront nécessairement avant que l'eau soit à la hauteur de tous les repères ; le remède deviendra aussi gênant que le mal lui-même. Ensuite, rien ne garantit que si aujourd'hui on se contente d'en prendre un peu, demain on ne prendra pas le tout.

Pour ce qui concerne les indemnités, si nous défendions des intérêts privés, si nous n'avions en vue que des questions d'argent, nous pourrions facilement et victorieusement répondre à ce que dit le rapport de M. Gueroult (p. 26. 1864). Les manufacturiers « ne

« comptent pas assez sur ce que leur apporteront de secours sérieux
« les dispositions *équitables* et *bienveillantes* de l'Administration. »

Nous dirions d'abord que, quelles que soient les intentions *bienveillantes* de l'Administration de la ville de Rouen, elle ne pourra
jamais réparer le discrédit dont elle a frappé la vallée de Darnétal.

Des établissements sont restés à louer, par la crainte que cause
aux locataires le projet de la ville de Rouen, et depuis six ans que
cette grande question est agitée, les baux expirent, aucuns ne sont
renouvelés, ou s'ils le sont, c'est avec la réserve qu'ils seront
annulés si la ville réussit dans son projet.

Tout le monde comprendra qu'une semblable incertitude, existant
depuis de longues années, est un mal presque aussi grand que le
projet lui-même.

Mais, comme les intérêts que nous défendons sont généraux, nous
nous contenterons de dire : on peut indemniser certains manufacturiers, mais ce qu'on ne peut indemniser, c'est une ville et une
vallée tout entières où chacun se trouve solidairement frappé, en
offrant seulement des indemnités aux propriétaires de forces motrices, et mettant de côté les personnes qui n'emploient l'eau que
pour le lavage de leurs produits ; et nous répéterons : l'on n'a pas
étudié la question.

Nous signalerons, en terminant, une omission des plus sérieuses
sur laquelle nous appelons toute l'attention de l'autorité supérieure.
On a oublié, *avec* ou *sans* intention, de parler de la rivière d'Aubette
et du bras du Choc.

La chose en vaut cependant la peine, tout le monde le sait comme
nous. L'ouverture du Choc, garnie en fer, est réglementée ; le bras
du Choc dans toute sa longueur a des caractères en pierres de taille
qui sont placés très près les uns des autres, afin de bien indiquer le
sol de ce bras de rivière, qui est, pour ainsi dire, le *régulateur* de
l'Aubette, en arrivant sur le territoire de Rouen.

L'importance qu'attachent les riverains de l'Aubette à ce que le bras du Choc soit tenu réglementairement est tellement grande, qu'il y a quelques années, alors qu'il n'était pas encore question de prendre les sources de Robec, ils l'ont fait paver à leurs frais, afin qu'il ne puisse pas passer par ce canal plus d'eau que ne le veut le règlement.

Qu'arrivera-t-il, si on diminue le volume de Robec ?

L'eau du bras du Choc, à l'endroit où il fait sa jonction avec Robec, ne rencontrant plus le volume d'eau qui arrête son cours aura un tirage beaucoup plus grand, et ce tirage retirera à la rivière d'Aubette une quantité d'eau considérable pour l'importance de cette petite rivière.

Nous avons donc raison de dire que la chose est assez sérieuse pour demander à l'Administration municipale de Rouen ce qu'elle entend faire pour sauvegarder les intérêts de la rivière d'Aubette, lesquels, nous ne pouvons trop le répéter, seraient gravement compromis si on venait à diminuer le volume de la rivière de Robec.

Il nous resterait encore beaucoup de considérations à faire valoir contre le projet de la ville, mais nous nous arrêtons en résumant ici les conclusions de notre protestation.

Le projet de la ville de Rouen est mauvais sous tous les rapports, nous croyons l'avoir suffisamment démontré.

Nous venons solliciter de la justice de M. le Sénateur Préfet de bien vouloir en refuser l'exécution et ordonner que de nouvelles études soient faites pour arriver à une distribution d'eau qui, en satisfaisant les légitimes exigences de la ville de Rouen, sauvegardera tous les intérêts.

Les personnes qui, dans un but d'intérêt général, n'ont pas craint de faire de l'opposition à la ville de Rouen, pourront, au lieu de la combattre, lui prêter leur concours pour arriver à la doter d'une distribution d'eau abondante, dont elle a tant besoin.

Tels sont les vœux les plus ardents des soussignés, chargés de défendre les intérêts des riverains de Robec et d'Aubette,

DURÉCU, *Président ;*
Lucien FROMAGE, *Secrétaire ;*
BENNER ;
COURTILLET ;
BAYLE.

Darnétal, 23 mars 1865.

Rouen. — Imp. E. Cagniard.

www.ingramcontent.com/pod-product-compliance
Lightning Source LLC
Chambersburg PA
CBHW060711280326
41933CB00012B/2386